I0750312

WHILE THE POEM LASTS
LE TEMPS D'UN POEME

Words for living—Des mots pour vivre

Anne-Marie Derouault

A bilingual collection of poetry
Un recueil de poèmes bilingue

While The Poem Lasts
Le Temps d'un Poème

Cover photo and interior images from
www.bigstockphoto.com

Published by Emergence Resources LLC
Editing, cover and interior design by Mia Crews

ISBN-13: 978-1-7326241-0-8

Dedication

To my mother
who not only gave me life
but taught me the joy of living

A ma mère
qui m'a non seulement donné la vie
mais appris la joie de vivre

Author's note

Some of these poems were originally written in English and others in French. All translations are by the author.

Certains poèmes ont été écrits en anglais, d'autres en français. Toutes les traductions sont de l'auteur.

Foreword (Translated from French)

By Florence Lautrédou, psychoanalyst, writer and coach

"Full of Life" wrote John Fante in 1952. A novel tribute to absolute, wild love, so simple, so rare, the flash of an encounter, small moments, these little precious things that propel us into plenitude. A book that makes you taste love, giving you back the taste for love which you have forgotten—some or all of it.

Full of lives! In plural this time, with this poet of two lives. While wandering, strolling, lingering through the images and the feelings conveyed by Anne-Marie Derouault's words, I find that taste again, like the sweetness of the Spanish wine... The sweetness of an exchange, of the moments we savor, that we share while meditating or conversing—alone or with another. Anne-Marie oscillates between these two poles, just as her writing journeys between two continents, between countries, Paris or Cocoa Beach, worlds apart and yet united. For our poet always remembers her absolutes: the earth, the sea, the sky.

Anne-Marie is a sea bird. Her wings spread across the horizon, from east to west and from west to east... This present or gift that comes in the presence of the other, the friend, the confidant, the lover, the companion, the mother, is here celebrated in inflections and quivers of love. This devotion is attached to passersby, from India or elsewhere, to the beings who offer their souls in the eyes of those who know how to see them. Anne-Marie sees. Better, she drinks them, these potions of love, infinite as the liquid gold of a certain gaze, which flows into the ocean, by him kept in memory.

These poems open us to the author's places, to the beings who enliven them, real or absent, living or elsewhere. They hold a joyful nostalgia, because it is turned toward the unity that the poet's soul knows is promised to us.

"The soul will recover, that's why I am here."

Yes, Anne-Marie, like you, I believe it. And also that love of the world, of nature, of beings, and the most difficult one—because it is the ultimate test of love—the sentimental love of another, leads us to that unity. Sometimes in suffering, often in illusion—like this chapter of a book that *"leaves you at dawn while saying words that kill you."*

Live, love, risk. What's the point, otherwise? Awe is at the corner of the wave, you say it on the beach all along the page, you, the aerial wanderer, the time setter who sails and does not forget. Thank you for your words that bring us back to the essence.

Préface

Par Florence Lautrédou, psychanalyste, auteure et coach[1]

"Pleins de vie/Full of Life" écrivait John Fante en 1952. Un roman hommage à l'amour fou, éperdu, tellement simple, si rare aussi, cette fulgurance d'une rencontre, des petits moments, ces si petites, si précieuses choses qui propulsent dans la plénitude. Un livre qui donne goût à l'amour, qui redonne le goût de l'amour aussi quand on l'a oublié, un peu ou carrément.

Pleins de vies! Au pluriel ici, chez cette poétesse aux deux vies.... En parcourant, cheminant, m'attardant au gré des images, des ressentis égrenés par les mots d'Anne-Marie, je retrouve ce goût, comme la douceur du vin espagnol... La douceur de l'échange, de ce temps qu'on déguste, qu'on partage en méditant, en devisant. Seule ou avec l'autre. Anne-Marie oscille entre ces deux pôles, comme sa parole qui se promène entre deux continents, entre plusieurs pays. Paris ou Cocoa Beach, aux antipodes et dans l'Un pourtant. Car notre poétesse se rappelle toujours ses absolus: la terre, la mer, le ciel.

Anne-Marie est un oiseau marin. Ses ailes se déploient à travers l'horizon, d'est en ouest, puis d'ouest en est... Ce cadeau ou ce présent se décline en présence au regard de l'autre, l'ami, le confident, l'amoureux, le compagnon, la maman, ici célébrés en inflexions, en frissons d'amour. Cette dévotion s'attache aux passants, d'Inde ou d'ailleurs, aux êtres qui offrent leur âme dans le regard de celui qui sait les voir. Anne-Marie voit. Mieux, elle les boit, ces filtres d'amour, infinis comme le liquide d'or d'un certain regard, qui coule dans l'océan, par lui gardé en mémoire.

Ces poèmes nous ouvrent aux lieux d'Anne-Marie, aux êtres qui les animent, réels ou absents, vivants ou ailleurs. Ils portent en eux une nostalgie joyeuse, car tournée vers une unité dont l'âme de la poétesse sait qu'elle nous est promise. *"L'âme va se retrouver, on est venu pour ça."*

Oui, Anne-Marie, comme toi, je le crois. Et aussi que l'amour, du monde, de la nature, des êtres et le plus difficile car test ultime de l'amour, l'amour sentimental pour l'autre, nous conduit à cela. En déchirure parfois, en souffrance aussi, en illusion souvent. Comme ce chapitre d'un livre qui *"s'en va au petit matin en disant des mots qui vous tuent."*

Vivre, aimer, risquer. A quoi bon, sinon? L'émerveillement est au coin de la vague, tu le dis sur la plage au fil de la page, toi, la dromomane des airs, la passeuse de temps qui vogue et n'oublie pas. Merci pour tes mots qui nous ramènent à l'essentiel.

[1] www.fhl-consultants.com

Contents

While The Poem Lasts / Le Temps d'un Poème *i*
Places / Lieux 1
Malaga / Malaga 2
Thalassa / Thalassa 4
Places / Pays 6
Kerala Sunset Cruise / Un soir sur les eaux du Kerala 8
Thira / Thira 12
Sunion / Sunion 18
Hawai Colors / Les couleurs d'Hawaii 22
Earth Tears/Les larmes de la terre 24
In the Air / En vol 26
An Island / Une île 30

Love/Amour 33
Illusion / Illusion 34
The Wait / L'attente 36
Night of Love / Nuit d'amour 44
Anniversary / Anniversaire 46
I Gaze into Your Eyes / Dans tes yeux 52
Stranger / Etranger 56
Pacific Fondness / Tendresse Pacifique 58
You / Toi 60
All that You Are / Tout ce que tu es 62

Inspiration / Inspiration **67**
Solitude / Solitude 68
Tribute to the Ocean / Océan 70
Meditation / Méditation 72
Shiva Dance / La dance de Shiva 74
The Peace of the Fast / La paix du jeûne 76
Hymn to the Instant / Hymne à l'instant 78
Writers group / Cercle d'écrivains 82
Dis-ease / Maladie 84

Friends / Amis **87**
Resting in Peace / Repose en paix 88
Turning 40 in 2000 / 40 ans en l'an 2000 92
80 Years Old Today / 80 ans aujourd'hui 96
Young Girl / Une jeune fille 100
Elora's Birthday / Anniversaire Elora 104
Homage to J. / Hommage à J 106
Little Soul / Petite âme 110

About the Author / A propos de l'auteur 114
Acknowledgements / Remerciements 116

While the Poem Lasts

Words for living

While the poem lasts,
We share a few words
A few pointers
Towards Reality
Reflections of our souls
Of our desires
Of our intensity.

While these poems
Meet your eyes and your heart
We are connected
We spend a moment
Away from the world
With nothing to hold in our hands
Except the vibration
Of a few uplifting thoughts
To calm the water of our minds.

While the poem lasts
We forget
Who wrote
Who reads
For a brief moment
We remember
That we are one
In feeling and in hope
In spirit and in love.

Le temps d'un poème

Des mots pour vivre

Le temps d'un poème,
Nous partageons des mots
Quelques pointeurs
Vers la Réalité
Réflexions de nos âmes
De nos désirs
De notre intensité

Pendant que ces poèmes
Touchent vos yeux et votre cœur
Nous sommes reliés
Pour un moment
Hors du monde
Sans rien à tenir
Que la vibration
De quelques pensées inspirantes
Qui calme l'eau de nos esprits

Le temps d'un poème
Nous oublions
Qui a écrit
Et qui a lu
Un instant
Nous nous rappelons
Que nous sommes un
En émotion et en espoir
En esprit et en amour

Places / *Lieux*

"I would like to talk to you for a long time, with words that would not only be words, but would lead to the sky, to space, to the sea."

"Je voudrais vous parler, longtemps, avec des mots qui ne seraient pas seulement des mots, mais qui conduiraient jusqu'au ciel, jusqu'à l'espace, jusqu'à la mer."

JMG Le Clézio
Unknown on the Earth / *L'inconnu sur la terre*

Malaga

I will invite you
In the white house by the sea
We will walk on the light grey sand
Along the still shore

We will taste the local fresh oranges
On the sunbathed terraces
We'll allow the sweet Malaga wine
To lightly intoxicate us

While we share our lives
And gaze into each other's eyes
In a timeless moment
We will be fully alive

And that will forever suffice…

Malaga

Je t'inviterai
Dans la maison blanche face à la mer
Nous marcherons sur le sable gris
Le long du rivage immobile.

Nous boirons des jus d'oranges frais
A des terrasses ensoleillées
Nous laisserons le vin doux de Malaga
Nous enivrer légèrement.

En partageant nos vies
Nous échangerons un long regard
Dans un instant d'éternité
Où nous serons totalement vivants

Et cela suffira pour toujours…

Thalassa

A place away from the world
End of the village
End of the beach
End of Spain
Bathed with sea and sky
Charged with space and light
Vibrant with existence
A few white walls
Sparkling under the sun
Three immensities merging
Earth, water and sky.
Eyes lost in the infinite
Soul diving into its source
Eternity gets closer
Peace is there, always
Happiness of being alive, that's all
To have a body to feel it all
An inner gathering happens
Of my scattered thoughts
A place to write
A place to love
A place to live.

Thalassa

Un endroit loin du monde
Au bout du village
Au bout de la plage
Au bout de l'Espagne
Baigné de mer et de ciel
Chargé d'espace et de lumière
Vibrant d'existence
Quelques murs blancs
Brillants sous le soleil
Trois immensités se rejoignent
De la terre, de l'eau et du ciel
Les yeux noyés dans l'infini
L'âme plongeant à sa source
L'éternité se rapproche
La paix est là, toujours
Le bonheur de vivre, juste çà
D'avoir un corps pour ressentir tout cela
Un rassemblement se fait en moi
De pensées éparses
C'est un endroit pour écrire
Un endroit pour aimer
Un endroit pour vivre.

Places

Paris, France
Land of my childhood
Full of people and history
Bistros and bookstores
Rainy and grey
On the old continent
Familiar and obvious
I walk in your streets
I feel at home.

Cocoa Beach, Florida
Land of light and blue
Land of nature
I walk on your shore
I take in the warmth
The ocean washes away the journey
I am home.

So I have two homes…
Different and nourishing
In their own ways
A luxury, a contrast, a chance
To hold both in my heart
To know both in my mind
To live two lives
Yet in one place at a time
And grateful.

Pays

Paris, France
Terre de mon enfance
Pleine de gens et d'histoires
Bistrots et librairies
Gris et pluvieux
Sur le vieux continent
Familier, évident
Je marche dans tes rues
Je me sens chez moi.

Cocoa Beach, Floride
Terre de lumière et de bleu
Terre de nature
Je marche sur ton rivage
Je prends en moi ta chaleur
L'océan me lave du chemin parcouru
Je suis chez moi.

Ainsi j'ai deux pays…
Différents et nourriciers
A leur façon
Un luxe, un contraste, une chance
De tenir les deux en mon cœur
De connaître les deux dans mes pensées
De vivre deux vies
Présente pourtant dans un lieu à la fois
Et reconnaissante.

Kerala Sunset Cruise

They live along the rice fields
On the banks of a fresh water canal
In the morning they wash their bodies
In the green brown water
A life stock
Insects, snakes, birds
And humans alike
All supported
By the only water available

In the evenings they wash their clothes
I saw them
Bending forward impeccably straight
Beating the bright color fabrics on a stone
I saw the schoolboys walking back at sunset
I glided on the still waters
Opening a way through the lilies
In a straw boat

I cruised among the pastel painted houses
I looked at the inhabitants
Of that lost village
I answered back to their smile
Their curiosity, their kindness
I learned that every week
One of them goes to get drinkable water
In a big jar for the village.

Un soir sur les eaux du Kerala

Ils vivent le long des rizières
Sur les berges d'un canal d'eau vive
Le matin ils lavent leur corps
Dans cette eau verte brune
Bouillon de vie grouillante
Insectes, petits serpents, oiseaux
Etres humains, tous pareils
Tous portés, soutenus
Par la seule eau disponible

Le soir ils lavent leurs vêtements
Je les ai vus
Le dos droit impeccablement courbés
Sur la pierre où ils frappent le linge coloré
J'ai vu les écoliers revenir à pied au coucher du soleil
J'ai glissé sur les eaux du canal
Ouvrant un chemin parmi les nénuphars
Sur un bateau de paille

J'ai navigué parmi les maisons couleur pastel
J'ai regardé les habitants
De ce village perdu
Je leur ai rendu leur sourire
Leur bienveillance et leur curiosité
J'ai appris que chaque semaine
L'un d'eux va chercher l'eau potable
Dans de grandes jarres pour le village.

Between the green ocean of rice fields
And the shimmering canal
Only one row of houses
Form a humble village
The thought came that happiness
Had nothing to do with wealth
And that wealth
Had nothing to do with possessions
Only with being

On the backwaters of Kerala
The worldly noise moved away
The stock market disappeared
Life became intense
On the backwaters of Kerala
I saw a place away from the world
Where time flows like the canal
Slow, tranquil and life carrying
Where an extreme simplicity
Brings us back to the essential.

Entre l'océan vert des champs de riz
Et le canal scintillant
Une seule rangée de maisons
Forme un humble village
J'ai pensé que le bonheur
N'avait rien à voir avec la richesse
J'ai pensé que la richesse
N'avait rien à voir avec l'avoir
Seulement avec l'être

Sur les eaux du Kerala
Le bruit du monde s'est éloigné
Le cours de la bourse a disparu
La vie s'est faite intense
Sur les eaux du Kerala
J'ai vu un endroit retiré du monde
Où le temps s'écoule comme le canal
Lent, tranquille, porteur de vie
Où une extrême simplicité
Nous ramène à l'essentiel.

Thira-Santorini

It is an island, standing in my heart
For all the islands in the world
White and blue under eternal light
Sparkling white of the first day.

We're twenty years old
In Greece for the first time
In love for the first time.
With the beach for bed
The sea for bath
The sky for ceiling
The stars for décor.
There is no wall.

We're learning the beauty of the world
We're discovering the freedom of our bodies
We're here to simply exist in a place
Of infallible sunshine
And absolute beauty.

The wild figs on the side on the path
Are exquisite gifts
The fragrances of Mediterranean plants
Are strong and intoxicating.
We speak, very little
Under the moon sometimes
I am still shy

Thira-Santorini

C'est une île, qui tient lieu dans mon cœur
Pour toutes les îles du monde
Blanche et bleue sous la lumière éternelle
Eclat du premier matin.

Nous avons vingt ans
En Grèce pour la première fois
En Amour pour la première fois
Avec la plage comme couchage
La mer pour bain
Le ciel pour plafond
Les étoiles pour décor
Il n'y a pas de murs.

Nous apprenons la beauté du monde
Nous découvrons la liberté des corps
Nous sommes là pour seulement exister
Dans un lieu de soleil infaillible
De beauté absolue

Les figues sauvages sur le bord du chemin
Sont des cadeaux exquis
Les parfums des plantes méditerranéennes
Sont lourds et enivrants.
Nous parlons, très peu
Sous la lune parfois
Je suis encore timide

The men I love are not yet
The men I talk with
You never said I love you
I loved you like never before
Total and desperate
I owe you that lesson.

But the memories of Greece
The name of this first island: Thira,
The blaze of the sun
The taste of the fruits
The blue of the roofs
The smell of the air
That overwhelming presence of life
Have remained intact.

They now form a living space inside me
A place I can always go back to
Alone or accompanied
To revitalize and reconnect
To drink life's cup
To merge with the absolute
To absorb the calm of the white and blue islands.
Nothing else, just to live, deeply.
To exist, to vibrate.
I know that, no matter the external circumstances,
Eternal white and blue Greece under the light
Will always be there for me.

And indeed, I went back a few times
Sometimes alone, sometimes not
Other island names have formed a song in my head
Samos, Paros, Amorgos…

Les hommes que j'aime ne sont pas encore
Ceux avec qui je parle
Tu n'as jamais dit je t'aime
Moi, je t'aimais comme jamais
Entière et désespérée
Je te dois cette leçon

Mais les souvenirs de Grèce,
Le nom de cette première île: Thira,
Le feu du soleil
Le goût des fruits
Le bleu des toits
L'odeur de l'air
Cette présence débordante de la vie
Sont restés intacts.

Ils forment en moi un espace vivant
Un lieu où revenir
Seule ou accompagnée
Me régénérer, me rejoindre
Boire à la coupe de la vie
Me fondre à l'absolu
Absorber le calme des îles blanches et bleues
Rien d'autre, juste ça, vivre, profondément,
Pour exister, pour vibrer.
Je sais que, quelques soient les circonstances extérieures,
La Grèce éternelle blanche et bleue sous la lumière
M'attendra.

J'y suis retournée quelques fois
Parfois seule, parfois non
Voir d'autres îles dont les noms forment une chanson
Samos, Paros, Amorgos…

One day, twelve years later,
I wrote you a postcard from there
In memory of our time in Thira:

"It is just as white on the blue background,
Moving even.
On another beach,
Foreigners spend the night in their sleeping bags.
The moon is pretty tonight.
I'm spending the summer in a house on top of the hill
From where we see the villages and the sea
We get water from the well
We settle into the heat
Totally at peace,
At the end of the world.
I could tell you much more
About the long walk down to the beach
About people's smiles
And the mules carrying their load…
But I want to leave you
With this silence under the sun
Where there is nothing left to think or say
Where there is—still—tenderness."

Un jour, douze ans plus tard,
Je t'ai écrit une carte postale
En souvenir de notre séjour à Thira:

"C'est toujours aussi blanc, sur le bleu.
Emouvant même.
Sur une plage semblable,
Des étrangers dorment dans leurs duvets.
La lune est belle ce soir.
Je passe l'été dans une maison perchée
D'où l'on voit les collines et la mer
On prend l'eau au puits
On s'installe dans la chaleur
Complètement en paix,
Une espèce de bout du monde.
Je pourrais te dire aussi
La longue descente à pied vers la mer
Les sourires des gens
Les mules portant leur fardeau...
Mais je veux te laisser plutôt
Avec ce silence sous le soleil
Où il n'y a plus à penser,
Où il y a—encore—de la tendresse."

Mediterranean Sunion Cove

They're headed toward Sunion
Toward the unknown deserted cove
Anchored inside her since the first time
She had discovered it.
She had internally wished
To remember that image forever
And her loyal memory
Had always given her back
The dark blue color
The ambiance of solitude and strength
Of unalterable light

Every time the winter was too long
Sunion would give her its warmth
Every time life was too slow
Sunion reminded her of a place in the world
Where one could always retreat
And die in peace
That's what she came to find, that image again
Sunion

It happened several times
That she could not find anything to expect
From the earth anymore, but this
One day, yes,
She could live through anything
As long as one day
She would be there again

Sunion, une crique en Méditerranée

Ils font route vers Sunion
Vers la crique inconnue et déserte
Restée ancrée en elle depuis cette première fois
Où elle l'avait découverte
Elle avait intérieurement souhaité
Se rappeler cette image à jamais
Et sa mémoire obéissante
Lui avait toujours redonné
La couleur bleu sombre
L'ambiance de solitude et de force
De lumière invincible

Chaque fois que l'hiver se faisait long
Sunion lui redonnait la chaleur
Chaque fois que la vie se faisait attendre
L'image lui rappelait un endroit au monde
Où l'on pouvait se retirer
Et mourir en paix..
Elle est venue rechercher cette image,
Sunion.

Il est arrivé quelquefois
Qu'elle ne trouve plus rien
A attendre de la terre, que ça,
Un jour ça oui,
Elle voulait bien tout vivre
Pourvu qu'un jour,
Elle y soit rendue a nouveau

So she had lived
For this place of insane hope
She had carried within
This space of absolute desire
Always, on her journey
During days of dispair
During days of exhaustion
During days of sorrow
During days of darkness.

Every time the image got her back on her feet
She thought it was a great fortune
To have encountered that place
That this would have been given to her
This core of happiness inside
Indestructible.

Elle avait vécu
Pour ce lieu d'espoir insensé
Elle avait porté en elle
Ce lieu de désir absolu
Toujours, sur son chemin
Les jours de dos courbé,
Les jours de corps épuisé,
Les jours de chagrin,
Les jours de pavé gris.

Chaque fois l'image l'avait fait repartir.
Elle avait pensé que c'était une chance inouïe
D'avoir rencontré ça
Que cela lui ait été donné
Ce noyau de bonheur au fonds d'elle,
Indestructible.

Hawaii Colors

I love you
In all your shades of blue
Dark in the depth of the ocean
Light around the coral reefs
Sky covering it all

I take in
All your shades of green
Nuances playing with the light
Along the sides of the mountain
Along the slopes of the volcano
In the exuberant vegetation
In the manicured lawns

I walk
On the brown and yellow tones
Of your grounds
Earth emerged from the ocean
Half way between East and West
Slowly changing
Returning to the abyss

I smell
The pink and white flowers
Rapt in their sensual fragrance
The colors of Hawaii
Carry along
An unforgettable lifeforce.

Les couleurs d'Hawaii

Je vous aime
Dans toutes vos nuances de bleu
Sombre au fond de l'océan
Clair autour des barrières de corail
Et le ciel recouvrant tout

J'absorbe
Toutes vos nuances de vert
Qui jouent avec la lumière
Sur les pentes des montagnes
Sur les pentes du volcan
Dans l'exubérante végétation
Dans les pelouses soignées.

Je marche
Sur les tons bruns et ocres
De votre sol
Terre émergée de l'océan
A mi-chemin entre l'Est et l'Ouest
Changeante
Et retournant lentement aux abysses.

Je sens
Les fleurs roses et blanches
Captive de leur parfum sensuel et puissant
Les couleurs d'Hawaii
Portent
Une force de vie inoubliable.

Earth Tears

Earth is crying
In long white waterfalls
Along the black lava walls
Born from the volcano heart

Earth is crying
Her lost children
Thousands of Hawaiians
Contaminated
By an unknown disease
Brought from the East
On powerful ships

She cries and she smiles
Offering flowers and lush abundance
She smiles for all her new children
Native and adopted
Who come from the East to find peace
A merging of cultures
A reconciliation

Les larmes de la terre

Elle pleure, la Terre
En de longues coulées blanches
Le long des murs noirs de lave
Sortis du cœur du volcan

Elle pleure, la Terre,
Sur ses enfants perdus
Des milliers d'Hawaïens
Contaminés
Par un mal inconnu
Venu de l'Est
Sur les bateaux géants

Elle pleure et elle sourit
Offre des fleurs en une luxuriante abondance
Elle sourit pour tous ses nouveaux enfants
Natifs et adoptés
Ceux venus de l'Est trouver la paix
Union des cultures
Réconciliation

In The Air

There's been a time in my life
Where I would step into a soft blue cabin
Like into a second home.

The tranquil nature tapes
Playing as we enter the plane
Remind us of the sheer beauty
Of the planet we fly over,
A signal to settle and relax
A recognizable anchor.

They've been good to me,
The company and its attendants
For over twenty years
Alone in the sky, no distractions
No call, no surfing the net
Just being with myself in space
Thinking about the world
Feeling taken care of.

Some insights
Came to me among the clouds
Carried by a body of metal
Piercing through the sky at high speed
Yet feeling still inside.

Grateful for this way to see
The beauty of the clouds
Their soft texture ignored by most
As they float into infinite space.

En vol

Il y eut un temps dans ma vie
Où j'entrais dans une cabine tamisée bleue
Comme chez moi

Des vidéos de Nature paisibles
Jouant à notre entrée dans l'avion
Nous rappellent à la beauté pure
De la planète que nous survolons,
Et nous signalent de nous détendre
Ancrage familier.

Cette compagnie et ses hôtesses
M'ont fait du bien
Pendant plus de vingt ans
Seule dans le ciel, sans distraction
Sans téléphone, sans connexion
Juste avec moi-même dans l'espace
Pensant au monde
Me sachant prise en charge

Quelques intuitions
Me sont venues parmi les nuages
Portée par un corps de métal
Perçant le ciel à grande vitesse
Bien qu'immobile à l'intérieur.

Gratitude pour ce moyen de voir
La beauté des nuages
Leur texture douce ignorée des hommes
Tandis qu'ils flottent dans l'infini.

I never thought I would make it
To two million miles, and counting…
I'll always be loyal
I'll always appreciate the people
For their kindness.

And I will fly again and again
To the other side of the ocean
Supported by their strength
Connecting my two countries
The one where I was born
And the one where I live.

Je n'avais jamais pensé
Cumuler deux millions de miles, et plus…
Je serai toujours loyale
Reconnaissante à ces êtres
Pour leur gentillesse.

Et je volerai encore
De l'autre côté de l'océan
Soutenue par leur force
Reliant mes deux pays
Celui où je suis née
Et celui où je vis.

An Island

On the white and wide terrace
Facing the sunset,
With the sea and the bird songs
As the only background
It looks like, indeed,
My soul will recover.
That's why I am here
For a dream place
To start a love story
With the Universe.

Une île

Sur la grande terrasse blanche
Exposée au couchant
Avec comme fond la mer
Et le chant des oiseaux
Il semble que oui,
L'âme va se retrouver
On est venu pour cela
Pour un endroit de rêve
Où nouer une histoire d'amour
Avec l'Univers.

Love / Amour

"And then he told her. He told her that it was like before, that he still loved her, that he would never stop loving her, that he would love her until he died."

"Et puis il le lui avait dit. Il lui avait dit que c'était comme avant, qu'il l'aimait encore, qu'il ne pourrait jamais cesser de l'aimer, qu'il l'aimerait jusqu'à sa mort."

Marguerite Duras
The Lover / *L'Amant*

Illusion

She sees that he loves the other woman,
The absent one,
The absent side of herself
Phantom rival
The woman in flesh and bones
Looks at the man in flesh and bones
But it is their shadows
Who talk and love each other.

L'illusion

Elle voit qu'il aime l'autre,
L'absente,
La face d'elle-même absente
Rivale fantôme
La femme de chair et d'os
Regarde l'homme de chair et d'os
Et ce sont leurs ombres
Qui se parlent et qui s'aiment.

The Wait

You've been prostrated all morning
In the depth of the unspeakable
Close to the mystery,
Of the unbearable
You can only circle around this mystery
This aloneness.
Sometimes you think that from this emptiness
And from letting go into that emptiness
A breakthrough will emerge.
But above all you let go
Because you don't have a choice.
Because you have no strength left
Except to look at your roses
And tell them that you love them.

Several times throughout the day,
You walk around the garden
You stop at each flower
You touch it softly
You don't know what would happen
To your sanity
If the garden was not there.
You walk bare feet
On the wet morning grass
You imagine that your feet inhale
The strength of the earth.
You put flowers everywhere in the house
So that you cannot not see them.

L'attente

Vous êtes prostrée depuis ce matin.
Vous êtes au cœur de l'inqualifiable.
Au plus près du mystère
De l'insoutenable.
Vous ne pouvez que faire le tour de ce mystère,
De cette solitude.
Par moments vous pensez que de ce vide,
De ce laisser aller à ce vide,
Surgira un déclic
Mais surtout vous vous y laissez aller
Parce que vous n'avez pas le choix.
Parce que vous n'avez aucune force
Sauf celle de regarder vos roses
De leur dire que vous les aimez.

Plusieurs fois dans la journée,
Vous faites le tour de votre jardin
Vous vous arrêtez devant chaque fleur
Vous la touchez doucement
Vous ne savez pas ce qu'il adviendrait
De votre raison
Si le jardin n'était pas là.
Vous marchez pieds nus
Sur l'herbe mouillée le matin
Vous imaginez que vos pieds aspirent
La force de la terre.
Vous mettez des fleurs dans la maison, partout,
Telles que vous ne puissiez pas ne pas les voir

You stand in their fragrance
You are so sad you cannot cry
You admit, you say aloud:
I am sad.
You don't know what to do with this inertia.

You carry it to the end
You offer it to God
You offer to God your secret love
Your unknown love
Your useless love.
You call upon the law of heaven and earth
You call upon forgetfulness
You are stuck in a web
The existence of which the author ignores
You are in the sadness of love
You are in the joy of love
You tell yourself that love is a poison
But you know that love is an enchantment.
To know this tears your heart apart
You don't fight against this love
You know how useless it would be
You only rest upon
The knowing of forgetfulness
You survive while you slowly forget
You try to let oblivion set in
Until it covers it all.

Until today, you did not know
That you could not live without writing
You did not know that you were going to write again.
During the week, you do what you're asked for
You do more
You speak, you smile,
You drive, you run

Vous vous tenez dans leur parfum
Vous êtes triste au point de ne pouvoir pleurer
Vous l'avouez, vous dites tout haut:
Je suis triste
Vous ne savez pas quoi faire de cette torpeur.

Vous la portez jusqu'au bout
Vous l'offrez à Dieu
Vous offrez à Dieu votre amour secret,
Votre amour ignoré
Votre amour inutile.
Vous en appelez à la loi du ciel et de la terre
Vous en appelez à l'oubli
Vous êtes prisonnière
D'une toile dont l'auteur ignore l'existence.
Vous êtes dans le malheur d'aimer
Vous êtes dans le bonheur d'aimer.
Vous vous dites que l'amour est un poison
Mais vous savez que l'amour est un enchantement
Et de savoir cela votre cœur est déchiré
Vous ne luttez pas contre cet amour
Vous savez combien c'est inutile
Vous vous reposez seulement
Sur le savoir de l'oubli
Vous survivez pendant que l'oubli s'installe
Vous essayez seulement de ne pas gêner l'oubli
Jusqu'à ce qu'il recouvre tout.

Jusqu'à aujourd'hui, vous ne saviez pas
Que vous ne pouviez vous passer d'écrire
Vous ne saviez pas que vous alliez recommencer à écrire.
En semaine, vous faites ce qu'on attend de vous
Vous faites davantage
Vous parlez, vous souriez,
Vous conduisez, vous courez

Like others
Sometimes more than others
You are successful, you have self-esteem.
You work.

An entire Saturday, an entire Sunday,
You stop.
You can hardly move
You wake up
To an unknown day
To a day of no return
You eat with indifference
You go back to bed, often
You try to take care of yourself
You try to rest
You look at your reflection in the mirror
You kind of like your image
You have no plan, nothing to do
Only salutations to the sun in the morning
The blades of grass are beautiful
In the light and the dew.

At some point you know
That you will not go out
That you are prisoner of the wait
You do the little Sunday things
Almost nothing
You gather yourself
You hold a book in your hands
Sometimes the book owns you completely
You smoke, too much.
It's the only desire left,
With music

Comme les autres,
Parfois plus que les autres
Vous réussissez, vous avez de l'estime pour ce que vous êtes
Vous travaillez.

Tout un samedi et tout un dimanche,
Vous vous arrêtez.
Vous pouvez à peine bouger
Vous vous levez
Pour une journée inconnue
Pour une journée sans retour
Vous mangez avec indifférence
Vous vous recouchez souvent.
Vous tentez de prendre soin de vous
De vous reposer
Vous vous regardez dans la glace
Vous vous trouvez plutôt bien
Vous n'avez pas de plan, rien à faire,
Seulement saluer le soleil le matin
Les brins d'herbe sont beaux
Dans la lumière et la rosée.

Au bout d'un certain temps,
Vous savez que vous ne sortirez pas.
Que vous êtes prisonnière de l'attente.
Vous faites les petites choses du dimanche.
Vous ne faites presque rien.
Vous vous rassemblez.
Vous tenez un livre entre vos mains
Parfois le livre vous possède toute entière
Vous fumez, trop,
C'est la seule envie qui vous reste,
Avec celle de la musique

So you forgive yourself
In spite of yourself you hear all the cars
That go by and don't stop.
You don't call anyone
Because you can't talk about this pain to anyone
Because no one could do anything
Because you don't want to see anyone
Except only one being
Whom you don't know anymore
If he is real or imaginary.
You don't look at the clock
To avoid the temptation to see
If it is too late or not.
You stay outside
Until it is dark.

That's when you have to admit
That nobody came.
You say to God:
I'm becoming mad with sorrow
You let yourself be held by the clouds
For you cannot hold your pain
It grows and you offer it to the sky
It flows on the grass
It is like a very soft song
Flowing out of you in spite of you
You expect no one anymore
You lay down
Curled up in bed
Telling yourself sweet comforting words
As if to put a child to sleep
You switch universe
You enter the space of dreams
And you… get over it

Alors vous vous pardonnez.
Malgré vous vous entendez les voitures,
Qui ne s'arrêtent pas
Vous ne téléphonez à personne
Parce que vous ne pouvez parler de cette douleur à personne
Parce que personne n'y pourrait rien
Parce que vous n'avez envie de voir
Personne d'autre qu'un seul être
Dont vous ne savez même plus
S'il est réel ou imaginaire
Vous ne regardez pas l'heure
Pour échapper à la tentation d'estimer
S'il est trop tard ou pas
Vous restez dehors
Jusqu'à ce que le soir tombe

C'est alors qu'il vous faut reconnaître
Que personne n'est venu.
Vous dites à Dieu:
Je vais devenir folle de chagrin
Vous vous laissez porter par les nuages
Vous ne pouvez plus porter votre peine
Elle s'élargit et vous l'offrez au ciel
Elle coule sur l'herbe
Et c'est comme un chant très doux
Qui sort de vous malgré vous.
Vous n'attendez plus personne.
Vous vous couchez,
La tête lovée dans votre bras
Vous vous dites des petits mots doux
Comme pour endormir un enfant.
Vous changez d'univers
Vous entrez dans le rêve
Et vous vous… consolez

Night Of Love

An exceptional night of love,
Ends in the middle of a page
And one stays there wandering
In an empty page

A good book has a clear ending
The last page appears
Straightforwardly
A good book allows me to reopen it
To reread and to browse

A book does not leave you at dawn
While saying words that kill you

Nuit d'amour

Une nuit d'amour exceptionnelle
Ça se termine au milieu d'une page
Et on reste là errant
Dans une page vide

Un bon roman a une fin
La dernière page se présente
Sans tricher
Il se donne à reprendre, à relire,
A feuilleter

Un roman, ça ne s'en va pas au petit matin
En disant des mots qui vous tuent

Anniversary

Fifteen years have passed
And I know that nothing will ever
Make this date normal again.

It is neither sad nor fun
It only is,
The day that you left
For the spirit plane.

A dark day of winter
Fifteen years ago
They say time will heal
And it is true
But the memories are outside of time

Memories of your transition
Memories of intensity, love and suffering
Suffering is over
Love never will be.

So what to do on January 18?
For the fifteenth time,
Finding a picture of you
Lighting a candle
Playing the music you loved so much
Appropriately named:
Music to Disappear

Anniversaire

Cela fait quinze ans
Et je sais que rien ne pourra jamais
Rendre cette date ordinaire

Ce n'est ni triste ni drôle
C'est seulement,
Le jour où tu es parti
Pour le monde des âmes.

Un jour sombre d'hiver
Il y a quinze ans aujourd'hui
Ils disent que le temps guérit
La douleur, et c'est vrai
Mais les souvenirs sont en dehors du temps.

Souvenirs de ton passage
Souvenirs d'intensité, d'amour et de souffrance
La souffrance est finie.
L'amour ne le sera jamais.

Alors que faire le 18 Janvier?
Pour la quinzième fois,
Trouver une photo de toi
Allumer une bougie
Mettre la musique que tu aimais tant
Tellement bien nommée:
Musique pour Disparaître

Remembering
Our story
From beginning to end
Embracing it all
Honoring who you are.
Celebrating our love
Feeling the tension and emotion inside
Without putting a name on it

Just a particular vibration, a sensation
That someone was here
And is gone.
My love has joined the stars
Freed from suffering
Freed from the body
I see you fly high
Ocean to meadows

I know you hear my words
Because you're an angel now
My angel
I don't call on you often
Not to disturb your peace
I only call you when I really need help
And you've answered, every time
In some special unexpected ways
A synchronicity, a surprise, a hint.

You taught me unconditional love
You taught me about the great simplifying effect of Death
About what really matters:
To live, to love and to let go.

Me rappeler
De notre histoire
Du début à la fin
Embrassant tout
Honorant qui tu es
Célébrant notre amour
Sentant la tension et l'émotion intérieures
Sans leur donner de nom.

Juste une vibration particulière, une sensation
Que quelqu'un était là
Et n'y est plus.
Mon amour est parti rejoindre les étoiles
Libéré de la souffrance
Libéré du corps
Je te vois voler haut
De l'océan à la plaine.

Je sais que tu entends ces mots
Car tu es un ange maintenant
Mon ange
Je ne t'appelle pas souvent
Pour ne pas déranger ta paix
J'appelle seulement quand j'ai besoin d'aide
Et tu as répondu, chaque fois,
De façon spéciale et inattendue
Une synchronicité, une surprise, un indice.

Tu m'as appris l'amour inconditionnel
Tu m'as appris l'effet radicalement simplificateur de la Mort
Et ce qui compte vraiment:
Vivre, aimer et lâcher prise.

I know that you continue your evolutionary journey
And when my turn comes
You will be there
To take my hand
And guide me
Into the world beyond.

Je sais que tu continues ton chemin d'évolution
Et quand mon tour viendra
Tu seras là
Pour prendre ma main
Et me guider
Dans le monde au-delà du monde.

I Gaze Into Your Eyes

It does not matter what we do,
Or where we go
Whether we are tired or not
If we talk or not
The connection is there
Which I do not explain
Which I do not try to understand
Because it is
An instantaneous gift.
It doesn't matter if we are
In a simple apartment
Driving the coast
Enjoying the soft warmth of Florida
Or if we're in an ashram soaking into wisdom…

Our gaze finds us
And I get lost
In the liquid light of your eyes
In the deep shining blue
I let the wave
Wash over me
Intensity of life
Freeing my breath
Infinity in an instant
A gaze for eternity
Soul to soul
Making us one
The master says
This is itself the grand union
That's all there is, merging of the souls.

Dans tes yeux

Peu importe ce que nous faisons
Où nous allons
Que nous soyons fatigués ou pas
Que nous parlions ou non
Le lien est là
Que je n'explique pas
Que je n'essaie pas de comprendre
Parce que c'est
Un instant cadeau.
Peu importe que nous soyons
Dans un simple appartement
Dans une voiture sur la côte
Baignant dans la clémence de la Floride
Ou dans un ashram empreint de sagesse.

Nos regards se trouvent
Et je me perds
Dans la lumière liquide de tes yeux
Dans leur bleu d'or profond
Je laisse la vague
Me submerger
Intensité de la vie
Libérant mon souffle
L'infini dans un instant
Un regard pour l'éternité
D'âme à âme
Qui nous fait un.
Le maître dit
Cela même est la grande union
Il n'y a que cela, l'union des âmes.

I gaze into your eyes, I look into your soul
I gaze into your eyes, I receive your being-ness
I gaze into your eyes, I vibrate in resonance
I gaze into your eyes, a well opens in me
A holy cave, a vast living core
I gaze into your eyes and time stands still
I gaze into your eyes and you become the world
I gaze into your eyes and we are one.

It would take a lot more time
To get used to each other
To have enough trust
To be centered enough
To be vulnerable enough
To be invulnerable
To read this to you
Without scaring you
Without confusing you
Without expectation.

Je plonge dans tes yeux, je plonge dans ton âme
Je plonge dans tes yeux, je reçois ton être
Je plonge dans tes yeux, je vibre en harmonie
Je plonge dans tes yeux, un puits s'ouvre en moi
Une grotte sacrée, un vaste cœur vivant
Je plonge dans tes yeux et le temps s'arrête
Je plonge dans tes yeux et tu deviens le monde
Je plonge dans tes yeux et nous sommes Un.

Il faudrait beaucoup plus de temps
Pour s'habituer l'un à l'autre
Pour faire assez confiance
Etre assez centrée
Etre assez vulnérable
Etre invulnérable
Pour te lire ceci
Sans t'effrayer
Sans confusion
Et sans attente.

Stranger

Stranger I came
Stranger I go
Back to where I belong
All will be well
I'll walk on the beach
A very long time
As always
Until all is well
Our unborn story will make
Just a wrinkle on the ocean
Quickly disappeared
Quickly forgotten.

Etranger

Etrangère je suis venue
Etrangère je m'en vais
Là où j'appartiens
Tout sera bien
Je marcherai sur la plage
Très très longtemps
Comme toujours
Jusqu'à ce que tout aille bien
Notre histoire non née
Fera juste une ride sur l'océan
Vite disparue
Vite oubliée.

Pacific Fondness

Sitting at a terrace
Overlooking the Pacific Ocean
We were ageless
The ocean stood for everything
For life, for love.

The liquid gold of your eyes
Merged with the sunset waves
Few ever looked at me that way.

Now curled up, I let the wave of your absence
Wash over me
Looking into the ocean as I looked in your eyes.

Tendresse Pacifique

Assis à une terrasse
Surplombant l'Océan Pacifique
Nous étions sans âge
L'océan tenait lieu
De tout: de vie, d'amour.

L'or liquide de tes yeux
Se fondait dans les vagues du couchant
Jamais regardée comme ça je crois

Maintenant recroquevillée, je laisse la vague de ton absence
Me recouvrir
Et regarde l'océan comme je regardais tes yeux.

You

Thank you for giving me the space
That I need to grow
Thank you for loving me
In presence, in absence
Thank you for following me
Across the ocean
To my precious places
Thank you for being here
When I call, when I reach
Thank you for listening
Thank you for sharing
Your life
Your tenderness
Your insights
Your knowledge
Your experience
Thank you for expressing
The Spirit in you
In an inspiring
Authentic and unrelenting way
Through life, through joy and sorrow
Through hope and sadness
You are my partner
You are my companion
My Love, my "other"
Together we walk the same path on Earth
Together we grow
To be One.

Toi

Merci de me donner l'espace
Dont j'ai besoin pour grandir
Merci de m'aimer
Dans la présence et dans l'absence
Merci de me suivre
Par delà l'océan
Dans mes endroits aimés
Merci d'être là
Quand j'appelle, quand je cherche
Merci d'écouter
Merci de partager
Ta vie
Ta tendresse
Tes révélations
Ta connaissance
Ton expérience
Merci de manifester
Le divin en toi
D'une façon inspirante,
Authentique et constante
A travers la vie, la joie ou le chagrin
A travers l'espoir ou la tristesse.
Tu es mon partenaire
Tu es mon compagnon
Mon amour, mon Autre
Ensemble nous parcourons le même chemin sur la terre
Ensemble nous progressons
Pour être Un.

All That You Are

Friend of every sky, light or silence,
Your words speak of forgotten warmth
Prayer for tenderness
Smile has your face

Green eyed lover
Transparence of being under your live skin
Curving and flowing in the land of the body
Toward azure shores where life finds itself

Blond child running on the beach
Sometimes cuddly, sometimes playful
Questioning the sea for a while, searching…
Perhaps a couple to be born from

Teacher, seeker on a path of no return
White clothes, open hands,
Forever bound
For the unity of the first morning

Tireless taster
In love with substances, fragrances and forms,
Knowing the hidden beauty of things
Curious of every dance…
And all the roles yet to come
The faces to be
The movie to live

Tout ce que tu es

Ami de tous les ciels, lumière ou silence,
Tes mots disent la chaleur oubliée
Prière pour la tendresse
Le sourire a ton visage.

Amant aux yeux clairs
Transparence d'être sous ta peau vivante
Rondeur et mouvance au pays des corps
Vers des rivages azur où la vie se rejoint.

Enfant blond courant sur la plage
Tour à tout câlin et joueur
Interrogeant longtemps la mer, cherchant
Peut-être un couple dont il pourrait naître.

Enseignant chercheur sur un chemin sans retour
Vêtement blanc, mains ouvertes
Pour toujours en partance
Vers l'unité du premier matin.

Goûteur inlassable
Epris de matières, de senteurs et de formes
Sachant la beauté cachée des choses
Curieux de toutes les danses.
Et tous les rôles encore à venir
Les visages à être
Le film à vivre.

And then
The one without role
For him the magical word
Namaha:
I bow to that in you which is greater than you.

Et puis,
Le sans rôle
A qui s'adresse le mot magique
Namaha:
Je salue en toi ce qui est plus grand que toi.

Inspiration / Inspiration

"The soul is nothing but the invisible
And the invisible is all that we see"

"L'âme n'est rien que l'invisible
Et l'invisible est tout ce que l'on voit"

Christian Bobin
Passing Life / *La Vie passante*

Solitude

She rules the great empty spaces
Of oceans and sky
Where only our minds can go
She is everywhere beauty is
She rules silence
Her diamonds are the stars
Her admirers are the poets of this world
Those hurt by noise and chaos
And left breathless by chatter
Her sons are the sages of this world
She gives peace and rest
To those who recognize themselves in her
To those who yearn for her
She never betrays us
But we do betray her sometimes
When we don't want her any more
When we don't want ourselves any more
When we change her into ice
At the contact of our fear
Far from the fear only remains
A sun rising in the desert
And the invincible majesty of dawn
Her name is Solitude
A one-way ticket
Her name could be Silence
Or Space
Or Presence.

Solitude

Elle règne sur les grands espaces
De la mer et du ciel
Là où seul l'esprit peut aller
Elle est partout où est la beauté
Elle règne sur le silence
Ses diamants sont les étoiles.
Ses admirateurs sont les poètes de ce monde,
Les écorchés du bruit et du désordre,
Les essoufflés du bavardage
Ses fils sont les sages de ce monde
Elle dispense la paix et le repos
A ceux qui se reconnaissent en elle
A ceux qui la désirent
Ce n'est jamais elle qui trahit
C'est nous qui la trahissons parfois
Quand nous ne voulons plus d'elle
Quand nous ne voulons plus de nous-mêmes
Quand nous la transformons en glace
Au contact de notre peur.
Loin de la peur il ne reste
Qu'un jour qui se lève dans le désert
Et la majesté invincible de l'aurore
Son nom est Solitude
Et les tickets sont sans retour
Son nom pourrait être Silence,
Espace,
Ou Présence.

Tribute To The Ocean

Ocean of my life, of my birth
You are my very substance
I am the child playing on your shore
Forgetting to study
I am the young girl discovering the infinite
Sailing on your immensity
I am the widow once healing her grief
Getting lost in your blue reflections.

Ocean, pointing me to the absolute
Agitated in your waves
Profoundly still in your depths
Metaphor for meditation

I can never be away for long
I will always live by your shore
Because you're the only sight
That is forever enough.

I can always curl up on the sand
And let everything pass
I can always enter
Your vibrant waters
Wash it all away
And be purified

I can always breathe
Your saline fragrance
And be a child again
And be new again.

Océan

Océan de ma vie, de ma naissance
Tu es ma substance même
Je suis l'enfant jouant sur ton rivage
Qui oublie d'étudier
Je suis la jeune fille découvrant l'infini
Qui navigue sur ton immensité
Je suis la veuve soignant son deuil
Qui se perd dans tes reflets bleus.

Océan, pointeur vers l'absolu
Agité dans tes vagues
Immobile dans ta profondeur
Métaphore pour la méditation.

Je ne peux jamais m'éloigner longtemps
Je vivrai toujours près de ton rivage
Car tu es la seule vue
Qui suffise pour toujours.

Je pourrai toujours me lover sur le sable
Et laisser tout passer
Je pourrai toujours entrer
Dans tes eaux vibrantes
Me laver de tout
Et être purifiée

Je pourrai toujours respirer
Ton odeur salée
Etre une enfant
Et renaître.

Meditation

I sit by the water
Eyes open, I take it all in
Seing the green plants, the golden flowers,
Hearing the insects, the waves and the wind,
Feeling the breath and the sensations,
Until something in me turns inward.

Eyes closed, one with the breath,
Watching, sometimes the storm of the mind
Sometimes the calm water of thoughts
Stormy or calm, watching it all as simple noise
Coming back to the breath
Coming back to being.

The sacred mantra carries me over
Its vibration resonates in each of my cells
Infusing my DNA
With the teacher's presence.

Bathing into my Source
Creating vacancy to let God in
Having no demand, no expectation
Only to dissolve in space
Feel the particles of light
That make up my body-mind
That make up all that exists
The quantum dance.

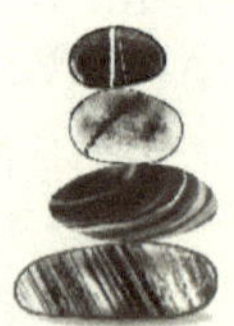

Méditation

Assise au bord de l'eau
Les yeux ouverts, j'absorbe tout
Voyant les feuilles vertes, les fleurs dorées
Entendant les insectes, les vagues et le vent
Sentant le souffle, les sensations, jusqu'au moment
Où quelque chose en moi se dépose.

Les yeux fermés, une avec le souffle,
Observant, parfois l'orage mental
Parfois l'eau calme des pensées
Orage ou calme, observant tout comme un simple bruit
Revenant au souffle
Revenant à l'être.

Le mantra sacré me porte
Sa vibration résonne dans chacune de mes cellules
Et infuse mon ADN
De la présence du maître.

Me baigner à ma Source
Créer une vacance pour laisser le divin entrer
Sans demande particulière, sans attente
Seulement me dissoudre dans l'espace
Ressentir les particules de lumière
Qui forment mon corps-esprit
Qui forment tout le reste
La danse quantique.

Shiva Dance

To dance, like you've never danced before,
With air, light, ocean
To embrace, like you've never embraced before
An unknown body, a being, yourself.
To touch, like you've never touched before
For nothing, to touch life
A skin, a pulse, a breath.
To not know who you are
To not know who we are
Who touches, who is touched
Only
That we are alive
Intensely
And freed.

La dance de Shiva

Danser, comme on n'a jamais dansé,
Avec l'air, la lumière, l'océan
Etreindre, comme on n'a jamais étreint
Un corps inconnu, un être, soi-même.
Toucher, comme on n'a jamais touché,
Pour rien, pour toucher la vie
Une peau, un pouls, un souffle.
Ne pas savoir qui tu es
Ne pas savoir qui nous sommes
Qui touche, qui est touché
Seulement
Que nous sommes vivants
Intensément
Et libres.

The Peace of the Fast

I fast to be free
Free from the bondage of food
Free of accumulation
Free to merge with the whole

I fast to turn inward
To feel that spaciousness inside
To feel that light inside
To feel that peace inside

I fast to fly high
Up toward the sky
Find that expansive state
Welcome that subtler vibration

I fast to absorb life
From air, water and sand
Directly flowing into my veins
Bringing independent joy

La paix du jeûne

Je jeûne pour être libre
Libre de la servitude du manger
Libre de toute accumulation
Libre de me fondre avec le tout

Je jeûne pour rentrer en moi-même
Pour sentir cet espace intérieur
Pour sentir cette lumière intérieure
Pour sentir cette paix intérieure

Je jeûne pour m'envoler
Haut dans le ciel
Trouver cette conscience élargie
Accueillir cette subtile vibration

Je jeûne pour absorber la vie
De l'air, de l'eau et du sable
Coulant directement dans mes veines
Porteuse d'une joie autonome

Hymn to the Instant

A whole precious new year
Three hundred and sixty five days
Over eight thousand hours
Five hundred thousand minutes
Thirty million seconds…

This year, let me make each second count
Sow enough instants each day
With my full attention
As if this instant were to last forever
Because in fact, it does…
In the timeless state of being
That I am looking for.

Let me create, each day,
Enough moments of pure presence
So that mindfulness permeates my life
Fully conscious
Of each droplet of each shower on my skin
Of each grain of sand under each of my steps
Of each tree on each road of my journey
Of each taste of each food I eat.

A new year…
Less planning, more living
Less thinking, more feeling,
Less doing, more being.

Hymne à l'instant

Une précieuse nouvelle année
Trois cent soixante-cinq jours
Plus de huit mille heures
Cinq cent mille minutes
Trente millions de secondes

Cette année, faire que chaque seconde compte
Semer assez d'instants chaque jour
Avec mon entière attention
Comme si l'instant devait durer toujours
Car en fait, il dure…
Dans l'état intemporel
Que nous recherchons.

Créer, chaque jour
Assez de moments d'attention pure
Pour imprégner ma vie de pure présence
Totalement consciente
De chaque goutte de chaque douche sur ma peau
De chaque grain de sable sous chacun de mes pas
De chaque arbre sur chaque route de mon voyage
De chaque goût de chaque aliment qui me nourrit.

Une nouvelle année…
Moins de plans, plus de vie
Moins de pensées, plus de ressentis
Moins de faire, plus d'être.

Another year, another chance
To grow and to learn
To love and to play
Welcoming the wind of change
Calling for transformation
Making room for the new.
In my space and in my heart.

Une autre année, une autre chance
De grandir et d'apprendre
D'aimer et de jouer
Accueillant le vent du changement
Appelant la transformation
Faisant place au neuf
Dans l'espace et dans mon cœur.

Writers Group

They read and they forget
The world outside their story, they forget
The concerns of the day, they forget
For a moment, there is only
The intensity of their words
And the sound of their own voice.

They share who they are
Without shame, without regret
Sometimes proud, sometimes humble.

They listen and they forget
Their own story for a while
Attentive only to what is read
To the images forming in their mind
Directly translated from the words.
A silence emerges
Vibrant with attention
Full of curiosity.

When the time comes to exchange
They know they're not alone
That someone out there listened
And they find their passion again
To continue, to keep writing
An offer to the world and to themselves
A projection of their life
A gift of their imagination.

Cercle d'écrivains

Ils lisent et ils oublient
Le monde en dehors de leur histoire, ils oublient
Les soucis du jour, ils oublient
Pour un moment, il y a seulement
L'intensité de leurs mots
Et le son de leur propre voix.

Ils partagent ce qu'ils sont
Sans honte, sans regret
Parfois fiers, parfois humbles.

Ils écoutent et ils oublient
Leur propre histoire pour un moment
Attentifs seulement à ce qui est lu
Aux images se formant dans leur esprit
Directement surgies des mots.
Un silence émerge
Vibrant d'attention
Plein de curiosité.

Quand le moment vient d'échanger
Ils savent qu'ils ne sont pas seuls
Que quelqu'un a écouté
Et ils retrouvent leur passion
Pour continuer, écrire encore
Offrir au monde et à eux-mêmes
Une projection de leur vie
Un cadeau de leur imagination.

Dis-ease

One day it appears to you
That you will not be able
To heal the world

Despite all your love
Despite all your efforts
All your research
Your immense desire to help
To push away the suffering
To calm the pain
Of a special being
This power has not been given to you.

So, in this instant of total powerlessness
Between despair and surrender
Something happens
Almost like a relief
That makes you let go
But also allows you to keep on living
To accept
The ups and downs of this world
And to embrace
This aspect of life called "dis-ease"
While feeling alive and aware.

Maladie

Un jour il vous est apparu
Que vous ne pourrez pas
Soigner le monde

Malgré tout votre amour
Malgré tous vos efforts
Toutes vos recherches
Votre immense désir d'aider
De repousser la souffrance
De calmer la douleur
D'un être qui compte
Ce pouvoir ne vous a pas été donné.

Alors, en cet instant d'impuissance
Entre désespoir et lâcher-prise
Quelque chose se produit
Qui ressemble à un soulagement
Qui vous fait baisser les bras
Mais vous permet aussi de continuer à vivre
D'accepter
Les hauts et les bas du monde
Et d'embrasser
Cet aspect de la vie qui s'appelle maladie
En étant vivante et consciente.

Friends / *Amis*

"And may the best of you be for your friend ...
Always look for him in the living hours"

"Et que le meilleur de vous-même soit pour votre ami…
Cherchez le toujours pour les heures vivantes"

Khalil Gibran
The Prophet / *Le Prophète*

Resting in Peace

My friend, my colleague for so many years,
So many journeys, so many laughs
Your death takes me by surprise
I surrender to the flood of memories
To the waves crashing through me
Leaving an emptiness inside.

Today I will walk
On a Florida beach
Similar to those that you knew
I will lay down on the sand
I will let the Earth hold me
The ocean will drink the tears
The blue will dissolve it all.

I retrieved a few pictures
Of the happy times
I lit a tall white candle
Mantras play in the background
You will surely laugh from beyond the sky
But what else to do…

It was not given to me
To know in advance, to see you one last time
I'll only be able to keep
These images of you
Intact, joyous and full of this life
That you tasted to deeply..

Repose en paix

Mon ami, mon collègue de tant d'années
Tant de voyages et tant de rires,
Ta mort me prend par surprise
Je m'abandonne au flot des souvenirs
Aux vagues qui me traversent
Laissant un vide à l'intérieur.

Aujourd'hui j'irai marcher
Sur une plage de Floride
Semblable à celles que tu connais
Je m'allongerai sur le sable,
Je laisserai la terre me porter,
L'océan boira les larmes,
Le bleu dissoudra tout.

J'ai sorti quelques photos
Des temps heureux
Allumé une grande bougie blanche
Des mantras jouent en sourdine
Tu en riras sûrement par-delà le ciel
Mais que faire d'autre…

Il ne m'a pas été donné
D'être prévenue, de te revoir.
Je ne pourrai garder
Que des images de toi
Intact, joyeux et plein de cette vie
Que tu goûtais si bien.

We walk in the cities of the world
From Rome to Seville
From Tokyo to Pekin
Tireless, passionate, curious.
We work,
In outdoor cafés
In empty offices at the end of the day
On restaurant napkins...

How lucky to have met you
To learn from you
To have that obvious complicity
Which for ten years made the days lighter.
Thank you for these years of friendship
Thank you for your cheerfulness
Your energy and your humor
Thank you for you.

One day maybe
In other forms
We will meet again.
Until then I know
That you're watching for your loved ones
Clothed with space
Free and light under the sun.

Nous marchons dans les villes du monde,
De Rome à Séville
De Tokyo à Pékin
Infatigables, passionnés, curieux.
Nous travaillons,
Sur les terrasses de cafés
Dans les bureaux vides en fin de journée
Sur les nappes de restaurant…

Quelle chance de t'avoir rencontré
D'avoir appris de toi
D'avoir eu cette complicité évidente
Qui pendant dix ans a fait les journées plus légères.
Merci pour ces années d'amitié
Merci pour ta bonne humeur,
Ton énergie et ton humour,
Merci de toi.

Un jour peut-être
Sous d'autres formes
Nous nous retrouverons.
En attendant je sais
Que tu veilles sur les tiens
Habillé d'espace
Libre et léger dans le soleil.

Turning 40 in 2000

So now you are forty
But don't believe for an instant
That time can be captured
On calendar pages
Or faces of our watches
For life has shown
That an instant is infinite
If you live it for itself.

Symbolic turn of forty years
Symbolic turn of the year 2000
Combined forces of two currents
Of your life and of the world,
Your individual evolution
Inscribed in that of humanity
Hope for the third millennium
Which they say will be spiritual.

Welcome renewal in your life
Trust your intuition
To open paths of the heart
Toward shores of light
Trust your dreams
Live deeply every instant.

Follow your dreams, go with the flow,
Believe in life, believe in love,
Let your soul grow, visit the shores
That await to be explored.
Live one instant at a time
Know your purpose, follow your dreams!

40 ans en l'an 2000

Tu as désormais quarante ans
Mais ne crois pas un seul instant
Que le temps puisse être capté
Sur les feuilles des calendriers
Ou sur les cadrans de nos montres
Car ce que la vie démontre
C'est que l'instant est infini
S'il n'est vécu que pour lui

Tournant symbolique des quarante ans,
Tournant symbolique de l'an 2000,
Forces conjuguées des deux courants
Celui de ta vie et celui du monde,
Ton évolution individuelle
Inscrite dans celle de l'humanité
Espoir du troisième millénaire
Qui parait-il sera spirituel.

Accueille le renouveau dans ta vie
Fais confiance à ton intuition
Pour t'ouvrir des chemins de cœur
Vers des rivages de lumière
Fais confiance à tes rêves
Vis profondément chaque instant

Suis tes rêves, va avec le courant
Crois en la vie, crois en l'amour,
Laisse ton âme grandir, visite les rivages
Qui attendent d'être explorés
Vis un instant à la fois
Connais ton but, suis tes rêves!

My treasured friend
I am incredibly lucky to have you
Let me tell you thank you
And let me wish you
To learn and grow and give
To welcome every new dawn
As if it were the first…

Mon ami précieux,
J'ai une chance inouïe de t'avoir,
Laisse moi te dire merci
Et laisse moi te souhaiter
D'apprendre et de grandir et de donner
D'accueillir chaque nouvelle aurore
Comme si elle était la première...

80 Years Old Today

This is your day
A day of love
In joyful Provence
For a happy life
Celebration of life
Of the sun and of our desires…

With all my heart I wish you
A beautiful party
A party of happiness
Happiness to be together
And gratitude
For giving me life
For teaching me life
For having shared my joys
For having supported me in sorrow
Your blood flows in my veins
I hope to be worthy of you.

Child I remember your indulgence
Despite my mistakes, your benevolence
Which allowed me to grow
Which allowed us to smile…
Later our private moments together
Vacations in Sicily, Spain or Noirmoutier
Across the ocean our special conversations
Were, are, and will be such precious moments!

80 ans aujourd'hui

C'est ton jour,
Un jour d'amour,
En Provence rieuse,
Pour une vie heureuse.
Célébration de la vie
Du soleil et de nos envies…

De tout mon cœur je te souhaite
Une belle fête :
La fête du bonheur
Bonheur d'être ensemble
Dans la reconnaissance,
Pour m'avoir donné la vie
Pour m'avoir appris la vie
Pour avoir partagé mes joies
Pour m'avoir soutenue dans la peine
Ton sang coule dans mes veines
J'espère être digne de toi.

Enfant je me rappelle ton indulgence
Malgré mes erreurs, ta bienveillance
Qui me permettait de grandir,
Qui nous permettait d'en sourire…
Plus tard nos moments à deux
Vacances en Sicile, Espagne ou Noirmoutier
Par-dessus les mers nos conversations privilégiées
Ont été, sont et seront, des moments si précieux !

I am so fortunate to have
A mother who understands it all
Whose presence lightens up
With her strength and her laughter
Our craziest days
Keep your smile for me
Keep me in your heart
For the journeys yet to take
For the adventures yet to come!
Having you as mother is a honor
Having you as mother is a delight!

J'ai tellement de chance
Une Maman qui comprend tout
Qui éclaire de sa présence,
De sa force et de ses rires
Nos jours les plus fous
Garde-moi ton sourire
Garde-moi dans ton cœur
Pour les voyages à accomplir
Pour les aventures à venir
T'avoir pour Maman est un honneur
T'avoir pour Maman est un bonheur !

Young Girl

As a child, cheerful and calm
Filled with wonder, anxious to learn
She surprises us
To know so much.
Early on she knows
She dislikes the cities:
Only Nature
Early on, the Earth is what feeds her
All that grows
Never what lives.
Her affection overflows, beyond parents and friends
Extends to animals, plants and oceans.

Adolescent, slim and smart
She turns and she dances
In long swirling skirts
Music and rhythms carry her
Late into the night.
She takes her time to study
She takes her time to play
To laugh and to live.

Young girl she knows
The first loves,
The first sorrows
First scars on the soul
The rebirth of hope
And happiness for two.

Jeune fille

Enfant rieuse et calme
Emerveillée avide d'apprendre
Elle nous surprend souvent
De connaître déjà tant de choses.
Très tôt elle sait
Qu'elle n'aime pas les villes
Seulement la nature
Très tôt c'est la terre qui la nourrit
Tout ce qui y pousse
Jamais ce qui y vit
Son affection déborde les parents, les amis,
S'étend aux animaux, aux plantes, aux océans.

Adolescente fine et brillante
Elle tourne et elle danse
En grands tourbillons de jupes
La musique et les rythmes la portent
Tard dans la nuit.
Elle prend son temps pour étudier
Elle prend son temps pour jouer
Pour rire, pour vivre.

Jeune fille elle connaît
Les premiers amours,
Les premiers chagrins
Les cicatrices de l'âme
La renaissance de l'espoir
Et le bonheur à deux

23 years old today,
A young woman,
Demanding, imperious sometimes
Serving the beauty of the world
Serving the purity of the earth
Before her, infinite possibilities.
A man to love
A planet to save
A life to live…

A 23 ans aujourd'hui,
Jeune femme exigeante
Impérieuse parfois
Au service de la beauté du monde,
Au service de la pureté de la terre
Devant elle l'infini des possibles
Un homme à aimer
Une planète à sauver
Une vie à vivre…

Elora's Birthday

When I will recall my first years in Florida
Right beside the immensity of the ocean,
There will be your voice, Elora,
Inspired, profound, melodious.
There will be your words
Vibrant with clarity, content and beauty
There will be your eyes
Blue and deep like the ocean of our birth
And your gaze looking into the soul
There will be your arms always open for a hug
In a moment of unconditional love.
Being of light
Being of consciousness
Being of love.
You know too well, Elora,
That what counts time
Is not what time harbors
The counting is not the counted
May you always dwell into
The limitless instants of your life.

Anniversaire Elora

Quand je me rappellerai de mes premières années en Floride,
Juste à côté de l'océan éternel,
Il y aura ta voix, Elora
Inspirée, profonde, mélodieuse.
Il y aura tes mots
Vibrants de clarté, de sens et de beauté
Il y aura tes yeux
Bleus et profonds comme l'océan de notre naissance
Et ton regard cherchant les âmes.
Il y aura tes bras toujours ouverts pour serrer
Dans un moment d'amour inconditionnel
Etre de lumière
Etre de conscience
Etre d'amour.
Tu sais bien, Elora,
Que ce qui mesure le temps
N'est pas ce que le temps abrite
Le comptant n'est pas le compté.
Puisses-tu toujours habiter
L'infini des instants de ta vie.

Hommage to J.

The first time you came to class,
You asked if you could try this yoga first
Before committing to a series.
I don't believe you ever missed a class
Since then.
It was three years ago.
Three years on the path together.

I've seen your lifelong commitment to yoga
In all its forms
Including as an art of living.
I've seen your sensitivity to the movements of Energy
Inside and outside.
I've seen the depth of your seeking.
I've seen your determination to go through
All that Life presented to you
To learn and to grow from it
To get closer to your inner guru.

Your presence and your smile will be missed.
Thank you for showing us
an example of unrelenting faith
An example of strength
An example of love.
That is how I will remember you.

I know your soul is alive and well
On other planes
Where your journey continues

Hommage à J.

La première fois que vous êtes venue
Vous avez demandé à essayer ce yoga
Avant de vous engager.
Je ne crois pas que vous ayez jamais manqué un cours
Depuis.
C'était il y a trois ans.
Trois ans ensemble sur le chemin.

J'ai pu voir votre engagement de toute une vie
Pour le yoga sous toutes ses formes
Y compris comme un art de vivre.
J'ai vu votre sensibilité aux mouvements de l'Energie
Intérieure et extérieure.
J'ai vu la profondeur de votre quête.
J'ai vu la détermination à traverser
Tout ce que la Vie vous a présenté
A apprendre et grandir de tout
Pour vous rapprocher de votre maître intérieur.

Votre présence et votre sourire nous manqueront.
Merci de nous avoir montré
Un exemple de foi inébranlable
Un exemple de force
Un exemple d'amour.
C'est ainsi que je me rappellerai de vous.

Je sais que votre âme est vivante et forte
Dans d'autres plans de réalité
Où votre chemin se poursuit

Maybe we'll meet again
In different times and forms
I will chant the Great mantra for you
The mantra of all transitions
The mantra of end of cycles
The mantra of Victory Over Death
I trust Shakti to be with you
And I know you are taken care of.
Sai Ram

Peut-être nous nous rencontrerons encore
En d'autres temps sous d'autres formes
Je chanterai le Grand mantra pour vous
Le mantra de tous les passages
Le mantra des fins de cycles
Le mantra de la Victoire sur la Mort.
Je sais que Shakti la déesse est avec vous
Et qu'elle prend soin de vous.
Sai Ram.

Little Soul

Alone and free
Dressed in white and grey
You live along a faraway beach
I call you Ganesh, the elephant-god,
Remover of obstacles,
For your connection to Earth
I call you Sannyas
For your wandering nature

Thank you.
Thank you for adopting me these few weeks
Thank you for appearing in my life
Thank you for showing me
A space in me that I did not know existed
A space of immediate intimate connection
A space of simple forgotten emotions
A space of unconditional affection.
Thank you for the bond without words
And for your total presence.

You will continue on your path
And I will continue on mine
Both richer
From our special encounter
Beyond time, beyond separation.

I accept to ignore
Why we need to live apart
Why I have to leave you here now
Along with gratitude,
I will feel a hole in my heart
For a while.

Petite âme

Seule et libre
Habillée de blanc et de gris
Tu vis le long d'une plage lointaine
Je t'appelle Ganesh, le dieu-éléphant
Qui vainc les obstacles
Pour ton lien à la Terre
Je t'appelle Sannyas
Pour ta nature vagabonde

Merci.
Merci de m'avoir adoptée ces quelques semaines
Merci d'être apparue dans ma vie
De m'avoir montré
Un espace en moi que j'ignorais exister
Un espace de connexion intime et immédiate
Un espace d'émotions simples et oubliées
Un espace d'affection inconditionnelle.
Merci pour le lien qui se passe de mots
Et pour ta présence totale.

Tu continueras ton chemin
Et moi le mien
Toutes les deux plus riches
De notre rencontre spéciale
Au-delà du temps, au-delà de la séparation.

J'accepte d'ignorer
Pourquoi nous devons vivre éloignées
Pourquoi je dois te laisser
En même temps que la gratitude,
Je sentirai un vide dans mon cœur
Longtemps.

I will walk a different beach
On the other side of the ocean
I will speak sweet words to you
And you will hear them
You'll be in my heart
And me in yours
I will send you subtle vibrations
Of love and well being
And we'll stay connected.

I will keep the space that we were in
I will keep the taste and the fragrance
Of our encounter, soul to soul
Beyond your incarnation in a cat body this time
This fragrance will expand
To the entire universe
I will touch you through all creatures
I will touch all creatures through you

It had to be this way
So that our karmas would be done
So that our souls could make their way
Back to the Source some day
We've been together before
We'll be together again
Under different names and forms
Perfectly orchestrated
For what we need to learn
To grow and merge again.

Je marcherai sur une autre plage
De l'autre côté de l'océan
Je te dirai des mots doux
Et tu les entendras
Tu seras dans mon cœur
Et moi dans le tien
Je t'enverrai des vibrations subtiles
D'amour et de bien-être
Et nous serons liées.

Je garderai l'espace où nous habitions
Je garderai le goût et le parfum
De notre rencontre, d'âme à âme, même si
Tu es née dans un corps de chat cette fois
Ce parfum s'étendra
A tout l'univers
Je te toucherai à travers toutes les créatures
Je toucherai toutes les créatures à travers toi.

Il devait en être ainsi
Afin que nos karmas s'accomplissent
Afin que nos âmes puissent retrouver un jour
Le chemin vers la Source
Nous nous sommes déjà rencontrées
Et nous serons à nouveau ensemble
Sous d'autres noms et d'autres formes
Le tout parfaitement orchestré
Pour ce que nous avons à en apprendre
Pour grandir et nous rejoindre.

About the author

Anne-Marie Derouault was born and raised in Paris, France. Her love of writing started at a young age; however life called her to other endeavors as an executive in the computer industry with a PhD in Mathematics and a degree in Psychology. Living in the US, she later founded Emergence Resources LLC to offer training and coaching internationally on leadership, communication, and stress reduction. In addition to extensive traveling to Europe and Asia, she has had a lifelong passion for mindfulness and yoga. She is certified in Integrative Relaxation and Conscious Eating and is a registered teacher with the USA Yoga Alliance.

Anne-Marie has had a daily practice of stream of consciousness journaling for many years. She writes free verse poetry in French and in English, as well as haikus and short stories, inspired by her love of travel, nature and human beings.

Two of her poems, *Night of Love*, *You*, and a short story, *A Day On The Ocean*, were published in the 2011 Scribblers of Brevard Driftwood anthology. She is a member of the Brevard Authors Society, Brevard Scribblers and a "Friend" of Cape Canaveral Pen Women.

Anne-Marie published a series of Conscious Eating handbooks: *Enhance your life-force with living foods*; *The anti-aging raw diet*; *Where to get high quality plant protein for strength and well being*; and *Living tastes from around the world*. She also created two Relaxation CDs: *Letting Go* and *Harmony with Food*.

She currently lives on the Space Coast of Florida. You can contact her at annemarie@mailhouse.org.

A propos de l'auteur

Normalienne, agrégée de mathématiques et licenciée en psychologie, Anne-Marie Derouault est née et a grandi à Paris, France. Son amour de l'écriture a débuté à l'adolescence, cependant la vie l'a appelée à d'autres aventures avec un rôle de directrice dans l'industrie informatique. Partie vivre aux Etats-Unis en 1998, elle a ensuite fondé Emergence Resources LLC, une société de consultance et de coaching en management, communication et gestion du stress. Outre de nombreux voyages en Europe et en Asie, elle a depuis toujours une passion pour le yoga et la pleine conscience. Elle est certifiée en Relaxation Intégrative et en Alimentation Consciente, et est membre de la USA Yoga Alliance.

Depuis des années, Anne-Marie pratique quotidiennement l'écriture en flux de conscience. Elle écrit de la poésie en vers libres en français et en anglais, ainsi que des haikus et des histoires courtes, inspirées par son amour du voyage, de la nature et des êtres humains.

Deux de ses poèmes, *Nuit d'Amour, Toi,* et une histoire courte, *Un Jour En Mer,* ont été publiés dans l'Anthologie des Scribblers de Brevard Driftwood en 2011. Elle est membre de la Société des Auteurs de Brevard, des Scribblers de Brevard et "Amie" du groupe Pen Women de Cape Canaveral en Floride.

Anne-Marie a publié une série de livrets pédagogiques sur l'Alimentation Consciente: *Augmentez votre vitalité avec les nourritures vivantes*; *L'alimentation vivante anti-âge*; *Où trouver des protéines végétales de qualité*, et *Recettes crues du monde.* Elle a également créé deux CDs de Relaxation: *Lâcher Prise* et *Se nourrir dans l'harmonie.*

Elle vit actuellement à Melbourne en Floride et peut être contactée à annemarie@mailhouse.org.

Acknowledgements

My deepest thanks to those who have given me support, encouragement and inspiration, especially:

Sylvain Gouédart, consultant, who perceived the writer in me even before I recognized it

Florence Lautrédou, writer and coach, who resonated with these poems and gave me the desire to share them

The Cocoa Beach Writers group and the Brevard Author Society, especially Cindy Foley, president of the Space Coast Writers Guild, for her thorough and heartfelt comments, Mary May Buruss and Gene Luke, for their feedback and support

Renelle West, for her review and editing, her precious advice and encouragements

The members of the Cape Canaveral Branch of Pen Women for their warm welcome

Mia Crews, who managed the formatting of this book with creativity, professionalism and kindness despite the two-language challenge, and did the cover design

All those who inspired these words: men and women, close or passing in my life, you moved me in your own ways and I feel more alive for having met you.

The Earth and the nature which inhabits her, inexhaustible source of beauty and openness to greater than us.

Remerciements

Merci à ceux et celles qui m'ont donné soutien, encouragements et inspiration:

Sylvain Gouédart, consultant, qui a su percevoir en moi l'écrivaine avant même que je la reconnaisse

Florence Lautrédou, auteure et coach, qui a résonné avec ces poèmes et m'a donné l'envie et le goût de les partager

Le cercle des écrivains de Cocoa Beach et la Société des auteurs de Brevard, tout spécialement Cindy Foley, présidente de la Guilde des Auteurs de la Côte Spatiale, pour ses précieux commentaires, Mary May Buruss et Gene Luke, pour leur feedback et leur soutien

Renelle West, pour sa relecture, ses conseils et ses encouragements

La branche de Cape Canaveral Pen Women pour leur accueil chaleureux

Mia Crews, dont la créativité, le professionnalisme et la gentillesse ont permis de mettre en page ce livre malgré le défi des deux langues, et qui a créé la couverture

Tous ceux et celles qui ont inspiré ces mots: hommes et femmes, proches ou passant dans ma vie, vous m'avez émue à votre façon, et je me sens plus vivante de vous avoir rencontrés.

La Terre et la nature qui l'habite, source inépuisable de beauté et d'ouverture à plus grand que nous.

www.ingramcontent.com/pod-product-compliance
Lightning Source LLC
LaVergne TN
LVHW051007080826
845145LV00009B/2499

* 9 7 8 1 7 3 2 6 2 4 1 0 8 *